W0342009

40 Loblied (Ps 103,1–6)

Lobe den Herrn, meine Seele, und alles in mir seinen heiligen Namen!
Lobe den Herrn, meine Seele, und vergiss nicht, was er dir Gutes getan hat:
der dir all deine Schuld vergibt und all deine Gebrechen heilt,
der dein Leben vor dem Untergang rettet und dich mit Huld und Erbarmen krönt,
der dich dein Leben lang mit seinen Gaben sättigt; wie dem Adler wird dir die Jugend erneuert.
Der Herr vollbringt Taten des Heiles, Recht verschafft er allen Bedrängten.

39 Im Frieden dein

Im Frieden dein, o Herre mein, / Lass ziehn mich meine Straßen. / Wie mir dein Mund gegeben kund, / schenkst Gnad du ohne Maßen, / hast mein Gesicht das selge Licht, / den Heiland, schauen lassen. // Mir armem Gast bereitet hast / das reiche Mahl der Gnaden. / Das Lebensbrot stillt Hungers Not, / heilt meiner Seele Schaden. / Ob solchem Gut jauchzt Sinn und Mut / mit alln, die du geladen. // O Herr, verleih, dass Lieb und Treu / in dir uns all verbinden, / dass Hand und Mund zu jeder Stund / dein Freundlichkeit verkünden, / bis nach der Zeit den Platz bereit / an deinem Tisch wir finden.

37 Gepriesen sei Gott

Gepriesen sei Gott, der in Ewigkeit lebt, sein Königtum sei gepriesen.
Er züchtigt und hat auch wieder Erbarmen;
er führt hinab in die Unterwelt und führt auch wieder zum Leben.
Niemand kann seiner Macht entfliehen.

Der Vers ist Auftakt eines längeren Gebets, das (laut Tob 13,1) Tobit zum Lobpreis Gottes niedergeschrieben hat.

38 Ich bin mit dir

Ich bin mit dir, ich behüte dich, wohin du auch gehst, und bringe dich zurück in dieses Land. Denn ich verlasse dich nicht, bis ich vollbringe, was ich dir versprochen habe.

Dieser göttliche Zuspruch gilt Jakob (in Gen 28,15). Als Jakob auf der Flucht vor seinem Bruder Esau rastet, erscheint ihm nachts in Bet-El im Traum Gott auf der Himmelsleiter und spricht diese Worte.

35 Dich suche ich

Gott, du mein Gott, dich suche ich, meine Seele dürstet nach dir. Nach dir schmachtet mein Leib wie dürres, lechzendes Land ohne Wasser.

Darum halte ich Ausschau nach dir im Heiligtum, um deine Macht und Herrlichkeit zu sehen.

Denn deine Huld ist besser als das Leben; darum preisen dich meine Lippen.

Ich will dich rühmen mein Leben lang, in deinem Namen die Hände erheben.

36 Irischer Segen

Sei glücklich, denn es gibt keinen Grund, traurig zu sein! Bedenke: Das Leben hält immer zwei Möglichkeiten für dich bereit. Nehmen wir an, du erkrankst. Du kannst gesund werden – oder sterben. Wenn du gesund wirst, besteht kein Grund, traurig zu sein. Wenn du stirbst, gibt es immer noch zwei Möglichkeiten: … Wenn du in den Himmel kommst, besteht kein Grund, traurig zu sein. Kommst du aber in die Hölle, so bist du unentwegt damit beschäftigt, bekannten Menschen die Hände zu schütteln, dass du darüber nicht traurig wirst …

34 Der Segen Aarons

Der Herr segne dich und behüte dich.

Der Herr lasse sein Angesicht über dich leuchten und sei dir gnädig.

Der Herr wende sein Angesicht dir zu und schenke dir Heil.

Der aaronitische Segen (Num 6,24–26) wird noch heute im Judentum von den Priestern gesprochen und auch in den reformierten Kirchen am Ende von Gottesdiensten über die Gemeinde herabgerufen.

33 Auf Gottes Wegen

Was helfen uns die schweren Sorgen,
was hilft uns unser Weh und Ach?
Was hilft es, dass wir alle Morgen
beseufzen unser Ungemach?
Wir machen unser Kreuz und Leid
nur größer durch die Traurigkeit.

Sing, bet und geh auf Gottes Wegen,
verricht das Deine nur getreu
und trau des Himmels reichem Segen,
so wird er bei dir werden neu.
Denn welcher seine Zuversicht
auf Gott setzt, den verlässt er nicht.

32 Sieg über das Grauen

Schreite mutig deinen Weg,
den nur Gott mag kennen,
der dich führt auf schmalstem Steg
und dein Ziel wird nennen.

Keine Angst vor dunkler Macht!
Du wirst Sterne schauen.
Dein Gebet dringt durch die Nacht
und besiegt dein Grauen.

Bei diesem aus Dänemark stammenden Text handelt es sich um ein volkstümliches Gebet.

31 Gott allein genügt

Nichts soll dich ängstigen,
nichts dich erschrecken.
Alles geht vorüber.
Gott allein bleibt derselbe.
Alles erreicht der Geduldige,
und wer Gott hat, der hat alles.
Gott allein genügt.

Solo dios basta! Gott allein genügt. Dieses Gebet wird der großen spanischen Mystikerin Theresia von Avila (1515–1582) zugeschrieben.

30 Ein neuer Frühling

Harre, meine Seele, harre des Herrn; / alles ihm befehle, hilft er doch so gern. / Sei unverzagt, bald der Morgen tagt, / und ein neuer Frühling folgt dem Winter nach. / In allen Stürmen, in aller Not / wird er dich beschirmen, der treue Gott.

Harre, meine Seele, harre des Herrn; / alles ihm befehle, hilft er doch so gern. / Wenn alles bricht, Gott verlässt uns nicht; / größer als der Helfer ist die Not ja nicht. / Ewige Treue, Retter in Not, / rett auch unsre Seele, du treuer Gott.

29 Ein Leuchten dann und wann

Ich bete nicht um Glück der Erden,
nur um ein Leuchten dann und wann,
dass sichtbar deine Hände werden,
ich deine Liebe ahnen kann.

Nur in des Lebens Kümmernissen
um der Ergebung Gnadengruß –
dann wirst du, Herr, am besten wissen,
wie viel ich tragen kann und muss!

28 Sorgt euch um nichts (Phil 4,4–7)

Freut euch im Herrn zu jeder Zeit! Noch einmal sage ich: Freut euch! Eure Güte werde allen Menschen bekannt. Der Herr ist nahe.

Sorgt euch um nichts, sondern bringt in jeder Lage betend und flehend eure Bitten mit Dank vor Gott!

Und der Friede Gottes, der alles Verstehen übersteigt, wird eure Herzen und eure Gedanken in der Gemeinschaft mit Christus Jesus bewahren.

27 Psalm 23

Der Herr ist mein Hirte, nichts wird mir fehlen. / Er lässt mich lagern auf grünen Auen und führt mich zum Ruheplatz am Wasser. / Er stillt mein Verlangen; er leitet mich auf rechten Pfaden, treu seinem Namen. / Muss ich auch wandern in finsterer Schlucht, ich fürchte kein Unheil; denn du bist bei mir, dein Stock und dein Stab geben mir Zuversicht. / Du deckst mir den Tisch vor den Augen meiner Feinde. Du salbst mein Haupt mit Öl, du füllst mir reichlich den Becher. / Lauter Güte und Huld werden mir folgen mein Leben lang, und im Haus des Herrn darf ich wohnen für lange Zeit.

26 Gegen die Angst

Der Herr ist mein Licht und mein Heil: Vor wem sollte ich mich fürchten? Der Herr ist die Kraft meines Lebens: Vor wem sollte mir bangen? / Dringen Frevler auf mich ein, um mich zu verschlingen, meine Bedränger und Feinde, sie müssen straucheln und fallen. / Mag ein Heer mich belagern: Mein Herz wird nicht verzagen. Mag Krieg gegen mich toben: Ich bleibe dennoch voll Zuversicht. / Nur eines erbitte ich vom Herrn, danach verlangt mich: Im Haus des Herrn zu wohnen alle Tage meines Lebens, die Freundlichkeit des Herrn zu schauen und nachzusinnen in seinem Tempel.

25 Er hört die Seufzer

Er hört die Seufzer deiner Seelen / und des Herzens stille Klagen, / und was du keinem darfst erzählen, / magst du Gott gar kühnlich sagen. / Er ist nicht fern, steht in der Mitten, / hört bald und gern der Armen Bitten.
Gib dich zufrieden.

Sprich nicht: »Ich sehe keine Mittel, / wo ich such, ist nichts zum besten.« / Denn das ist Gottes Ehrentitel: / Helfen, wenn die Not am größten. / Wenn ich und du ihn nicht mehr spüren, / tritt er herzu, uns wohl zu führen.
Gib dich zufrieden.

24 Durchs Feuer

So spricht der Herr, der dich geschaffen und geformt hat: Fürchte dich nicht, denn ich habe dich ausgelöst, ich habe dich beim Namen gerufen, du gehörst mir.

Wenn du durchs Wasser schreitest, bin ich bei dir, wenn durch Ströme, dann reißen sie dich nicht fort. Wenn du durchs Feuer gehst, wirst du nicht versengt, keine Flamme wird dich verbrennen.

Denn ich, der Herr, bin dein Gott, ich, der Heilige, bin dein Retter.

23 Dir in die Hände

Wie heimlicherweise
ein Engelein leise
mit rosigen Füßen
die Erde betritt,
so nahte der Morgen.
Jauchzt ihm, ihr Frommen,
ein heilig Willkommen!
Ein heilig Willkommen!
Herz, jauchze du mit!

In ihm sei's begonnen,
der Monde und Sonnen
an blauen Gezelten
des Himmels bewegt!
Du, Vater, du rate,
du lenke und wende!
Herr, dir in die Hände
sei Anfang und Ende,
sei alles gelegt.

22 *Kraft und Segen*

O Friede, der nun alles füllet, / erfüll auch uns mit süßer Ruh, / und bis ein Tag sich neu enthüllet, / deck uns mit trauten Träumen zu. // Wie manches, was des Tages Wille / mit rechter Klarheit nicht ergreift, / dem hilf, dass es in deiner Stille / zu freundlicher Vollendung reift. // Wen Schicksalsschläge grausam trafen, / den lass vergessen, was geschehn; / wer neid- und hasserfüllt entschlafen, / den lass versöhnt den Morgen sehn! // So allem, dem gleich uns auf Erden / zuteil des Lebens schwankes Los, / lass deines Segens Tiefe werden, / gib Kraft aus deinem heil'gen Schoß!

21 Herzensgebet

Herr Jesus Christus, Sohn Gottes, erbarme dich meiner.
Herr Jesus Christus, Retter der Bedrängten, hilf in meiner Not.
Herr Jesus Christus, Sohn des Allmächtigen, schenke mir Geduld.
Herr Jesus Christus, Erlöser der Sünder, befreie mich von meiner Last.
Herr Jesus Christus, Arzt der Verzweifelten, schenke mir Heil.
Herr Jesus Christus, Helfer der Mühseligen und Beladenen, gib mir Zuversicht und Kraft.
Herr Jesus Christus, Sohn Gottes, erbarme dich meiner.

20 Fürbitte für die Kranken

Barmherziger Gott,
du bist das ewige Heil aller Gläubigen;
erhöre unser Gebet
für unsere kranken Brüder und Schwestern.
Richte sie auf in deiner Barmherzigkeit,
und gib ihnen die Gesundheit wieder,
damit sie dir in deiner Gemeinde danken.
Darum bitten wir durch Jesus Christus.

Bei katholischen Messfeiern für Kranke wird diese Fürbitte als Tagesgebet gesprochen.

19 Flehentliches Bitten für einen nahestehenden Menschen

In dieser schweren Stunde, Gott, steh ihm bei!

Herr, der du die Bittenden ermunterst: lass ihn am Leben!

Hilf, Herr, breite deine Arme über ihn und schütze ihn!

Schenke ihm Kraft und das unbedingte Ja zum Leben!

18 Für Leib und Seele

Schenke mir eine gute Verdauung, Herr, und auch etwas zum Verdauen. Schenke mir Gesundheit des Leibes, mit dem nötigen Sinn dafür, ihn möglichst gut zu erhalten. Schenke mir eine heilige Seele, Herr, die das im Auge behält, was gut ist und rein, damit sie im Anblick der Sünde nicht erschrecke, sondern das Mittel findet, die Dinge wieder in Ordnung zu bringen. Schenke mir eine Seele, der die Langeweile fremd ist, die kein Murren kennt und kein Seufzen und Klagen, und lass nicht zu, dass ich mir allzu viele Sorgen mache um dieses Etwas, das sich »Ich« nennt.

17 Vergebung

Meine Augen schauen stets auf den Herrn; denn er befreit meine Füße aus dem Netz. / Wende dich mir zu und sei mir gnädig; denn ich bin einsam und gebeugt. / Befrei mein Herz von der Angst, führe mich heraus aus der Bedrängnis! / Sieh meine Not und Plage an, und vergib mir all meine Sünden! / Erhalte mein Leben und rette mich, lass mich nicht scheitern! Denn ich nehme zu dir meine Zuflucht. / Unschuld und Redlichkeit mögen mich schützen, denn ich hoffe auf dich, o Herr. / O Gott, erlöse mich aus all meinen Nöten!

16 Herr, erhöre mich (aus Ps 38)

Ich bin gekrümmt und tief gebeugt, den ganzen Tag geh ich traurig einher.

Kraftlos bin ich und ganz zerschlagen, ich schreie in der Qual meines Herzens.

Ich bin wie ein Tauber, der nicht hört, wie ein Stummer, der den Mund nicht auftut.

Ich bin wie einer, der nicht mehr hören kann, aus dessen Mund keine Entgegnung kommt.

Doch auf dich, Herr, harre ich; du wirst mich erhören, Herr, mein Gott.

15 Gegen die Angst

Vater, ich habe Angst.
Was passiert mit mir?
Mir droht Schreckliches, was kann ich tun?
Wird meine Krankheit den befürchteten Verlauf nehmen?
Ich habe Angst.
Was kann ich tun?

Hilf mir, Vater, und stehe mir bei!
Lass mich nicht allein mit meinen Ängsten, und schenke mir Mut!
Ich will alles tun, was in meiner Macht steht.
Schenke du mir die Gelassenheit und Zuversicht dafür!

14 Ein Kind Gottes

Hier steh ich Sünder, Herr,
und weiß nicht weiter.
Täglich wird mir neu gezeigt,
was meine Sünden sind.
Ich wollt ein Großer werden,
einer, dem Ruhm und Ehr gebühren.
Nun hält mich deine Hand,
ich muss ein ganz bescheidnes Leben führen.
Glücklos meiner Tage Lauf,
voll Trauer, Tod und Elend.
Ach Gott, richt' du mich auf,
mach meiner Not ein End.

Verlass' mich nicht,
denk doch daran,
ich bin ja immer noch dein Kind!

13 Bitte des Vergesslichen

Mein Gott!
Ich habe solche Angst! Jeden Tag mühe ich mich, und doch vergesse ich so viel! Es ist so peinlich.
Ich brauche meine ganze Kraft, damit die anderen nicht merken, wie es um mich steht. Das kann doch nicht normal sein!
Wie soll das weitergehen?
Was mache ich nur, wenn es noch schlimmer wird?
Wenn ich nur wüsste, was ich tun soll.
Gib mir Rat!
Wenn ich nur einen Menschen hätte, der mich versteht!

12 Am Tag der Not

Wende dein Ohr mir zu, erhöre mich, Herr! Denn ich bin arm und gebeugt.
Beschütze mich, denn ich bin dir ergeben! Hilf deinem Knecht, der dir vertraut!
Du bist mein Gott. Sei mir gnädig, o Herr! Den ganzen Tag rufe ich zu dir.
Herr, erfreue deinen Knecht; denn ich erhebe meine Seele zu dir.
Herr, du bist gütig und bereit zu verzeihen, für alle, die zu dir rufen, reich an Gnade.
Herr, vernimm mein Beten, achte auf mein lautes Flehen!
Am Tag meiner Not rufe ich zu dir; denn du wirst mich erhören.

11 Verantwortung abgeben

Ich kann nicht mehr, tu du für mich!
Sorge du, wo ich nicht kann!
Ich habe mir zu viel zugemutet,
lass mir Hilfe zukommen!
Nimm von mir, was mir zu schaffen macht,
kläre meine Gedanken,
gib mir Kraft, mein Leben zu ordnen!
Verzeih, dass ich mich schlecht behandelt habe!
Lass mich lernen, gut zu mir zu sein!
Verzeih, dass ich zuließ,
dass andere mich schlecht behandeln!
Gib mir Kraft, mir einen guten Platz zu schaffen!

10 Ich kann nicht mehr

Gott, ich kann nicht mehr.
Ich habe heute schon so viel geleistet, so viel weggeschafft, aber dennoch wächst der Berg, den ich durchzuarbeiten habe, immer mehr an.
Ich sollte vier Hände auf einmal haben, aber auch dann, befürchte ich, werde ich mein Pensum nicht schaffen.
Ich fühle mich ausgelaugt, meine Kräfte schwinden.
Ich habe das Gefühl, mir gelingt gar nichts mehr.
Hilf mir, Gott,
ich fühle mich so überfordert!
Steh mir bei und schenke mir Kraft.
Ich schaffe das alles nicht allein!

9 Schenk du mir Licht

O Allherr, weh mir, welche Not, / die mich erstickt bei Tag und Nacht! / Ich spüre deine finstre Macht / in Bitternis, mein täglich Brot. // Kein Licht, kein Schimmer, alles öde, / die Hoffnung fuhr schon längst dahin. / Wo ist mein Fels, wo meine Burg, / der Ort, wo ich geborgen bin? // Schenk du mir Licht gleich Zuversicht, auf dass ich wieder sehe. / Mach mir doch hell, erlöse mich / von meinem Leid, ich bitte dich! / Und doch: nicht so, wie ich's ersinn, der Wille dein geschehe!

8 Bitte um Erlösung

Der du dein Leben, deinen Tod den Menschen gibst und diejenigen liebst, die weinen, erhöre das Gebet des Unglücklichen, der leidet nach deinem Beispiel.
Nimm ihm die Last ab, die ihn erdrückt, sei für ihn der Cyrenäer, der dir dein Kreuz tragen half auf den Golgatha.

Das Gebet des Dichters François-René de Chateaubriand (1768–1848) spielt auf Simon von Cyrene an, der nach dem Zeugnis der Bibel gezwungen wurde, Jesus das Kreuz auf den Golgatha hinterherzutragen.

7 Salve Regina

Sei gegrüßt, o Königin, Mutter der Barmherzigkeit, unser Leben, unsre Wonne und unsre Hoffnung, sei gegrüßt!
Zu dir rufen wir verbannte Kinder Evas; zu dir seufzen wir trauernd und weinend in diesem Tal der Tränen.
Wohlan denn, unsere Fürsprecherin, wende deine barmherzigen Augen uns zu, und nach diesem Elend zeige uns Jesus, die gebenedeite Frucht deines Leibes.
O gütige, o milde, o süße Jungfrau Maria.

6 Regina Caeli

Freu dich, du Himmelskönigin, Halleluja! Den du zu tragen würdig warst, Halleluja, er ist auferstanden, wie er gesagt hat, Halleluja. Bitt Gott für uns, Halleluja. Freu dich und frohlocke, Jungfrau Maria, Halleluja, denn der Herr ist wahrhaft auferstanden, Halleluja.

Lasset uns beten. – Allmächtiger Gott, durch die Auferstehung deines Sohnes, unseres Herrn Jesus Christus, hast du die Welt mit Jubel erfüllt. Lass uns durch seine jungfräuliche Mutter Maria zur unvergänglichen Osterfreude gelangen. Darum bitten wir durch Christus, unseren Herrn. Amen.

5 Nunc dimittis

Nun lässt du, Herr, deinen Knecht, wie du gesagt hast, in Frieden scheiden.
Denn meine Augen haben das Heil gesehen,
das du vor allen Völkern bereitet hast,
ein Licht, das die Heiden erleuchtet, und Herrlichkeit für dein Volk Israel.

Dies ist das biblische Gebet des greisen Simeon, das dieser bei der Darstellung Jesu im Tempel gesprochen haben soll. Ihm war offenbart worden, dass er nicht sterben werde, bevor er den Messias geschaut habe.

4 Müde bin ich

Müde bin ich, geh zur Ruh,
schließe meine Augen zu.
Vater, lass die Augen dein
über meinem Bette sein.
Hab ich Unrecht heut getan,
sieh es, lieber Gott, nicht an.
Deine Gnad und Christi Blut
machen allen Schaden gut.
Alle, die mir sind verwandt,
Gott, lass ruhn in deiner Hand;
alle Menschen, groß und klein,
sollen dir befohlen sein.
Kranken Herzen sende Ruh,
nasse Augen schließe zu.
Lass den Mond am Himmel
stehn
und die stille Welt besehn.

3 Magnificat

Meine Seele preist die Größe des Herrn, und mein Geist jubelt über Gott, meinen Retter. Denn der Mächtige hat Großes an mir getan, und sein Name ist heilig. Er erbarmt sich von Geschlecht zu Geschlecht über alle, die ihn fürchten. Er vollbringt mit seinem Arm machtvolle Taten: Er zerstreut, die im Herzen voll Hochmut sind; er stürzt die Mächtigen vom Thron und erhöht die Niedrigen. Die Hungernden beschenkt er mit seinen Gaben und lässt die Reichen leer ausgehen.

2 Das Gebet des Herrn

Vater unser im Himmel,
Geheiligt werde dein Name.
Dein Reich komme.
Dein Wille geschehe, wie im Himmel so auf Erden.
Unser tägliches Brot gib uns heute.
Und vergib uns unsere Schuld, wie auch wir vergeben unseren Schuldigern.
Und führe uns nicht in Versuchung,
sondern erlöse uns von dem Bösen.
Denn dein ist das Reich und die Kraft und die Herrlichkeit in Ewigkeit.
Amen.

1 Angelus

Der Engel des Herrn brachte Maria die Botschaft,
und sie empfing vom Heiligen Geist.
Maria sprach: Siehe, ich bin die Magd des Herrn;
mir geschehe nach deinem Wort.
Und das Wort ist Fleisch geworden und hat unter uns gewohnt.

Gegrüßet seist du, Maria, voll der Gnade, der Herr ist mit dir.
Du bist gebenedeit unter den Frauen, und gebenedeit ist die Frucht deines Leibes, Jesus.
Heilige Maria, Mutter Gottes, bitte für uns Sünder jetzt und in der Stunde unseres Todes.
Amen.

Jürgen Werlitz • Margit Hummel

HEILGEBETE

Bedeutung und Wirkung des Gebets

»Dein Glaube hat dir geholfen. Geh in Frieden«: Etliche Heilungsgeschichten in der Bibel betonen die Kraft des Gebetes. Gebete wirken; ob nun in Krankheit und Leid, in Lebenskrisen oder schwierigen Situationen – sie helfen, sich von Gott geliebt und getragen zu fühlen. Das führt zu einer grundsätzlichen Lebensbejahung und schenkt Sicherheit im Glauben – also das, was Heil im eigentlichen Sinne meint und ausmacht.

Gebete wirken, und Christen können auf einen schier unermess-

Impressum

Es ist nicht gestattet, Abbildungen und Texte dieses Buches zu digitalisieren, auf digitale Medien zu speichern oder einzeln oder zusammen mit anderen Bildvorlagen/ Texten zu manipulieren, es sei denn mit schriftlicher Genehmigung des Verlages.

Weltbild Buchverlag
–Originalausgaben–
© 2006 Verlagsgruppe Weltbild GmbH,
Steinerne Furt 67, 86167 Augsburg
2. Auflage 2006
Alle Rechte vorbehalten

Projektleitung: Gerald Fiebig
Umschlag: Sabine Novotny, München
Umschlagabbildung: Photodisc
Satz: Dirk Risch, Berlin
Reproduktion: Point of Media GmbH, Augsburg
Gesamtherstellung: Lindner Feinkartonagen GmbH & Co. KG, Burgstädter Straße 3, 09241 Mühlau/Sachsen

Gedruckt auf chlorfrei gebleichtem Papier

Printed in Germany

ISBN 3-89897-441-3

28 Phil 4,4–7 **29** Annette von Droste-Hülshoff **30** Friedrich Räder **31** Theresia von Avila **32** Aus Dänemark **33** Georg Neumark **34** Num 6,24–26 **35** Ps 63,2–5 **36** Aus Irland* **37** Tob 13,2 **38** Gen 28,15 **39** Friedrich Spitta **40** Ps 103,1–6

1, 2, 6, 7, 18, 33, 39 *Bischöfe Deutschlands und Österreichs und der Bistümer Bozen-Brixen und Lüttich (Hrsg.):* Gotteslob. Katholisches Gebet- und Gesangbuch. © Katholische Bibelanstalt GmbH. Stuttgart 1975

4, 23, 25, 29, 30, 31, 32 *Ernst Burmann/Karl Freihalter (Hrsg.):* Das Leben entdecken Tag für Tag. Morgen- und Abendgebete. © Pattloch Verlag. Augsburg 1991

8, 22 *Christoph Einiger (Hrsg.):* Die schönsten Gebete der Welt. Der Glaube großer Persönlichkeiten. © Südwest Verlag. München 10. Aufl. 1983

20 *Benediktiner der Erzabtei Beuron (Hrsg.):* Der Große Wochentagsschott. Teil 1: Advent bis 13. Woche im Jahreskreis. © Verlag Herder KG. Freiburg/Basel/Wien 1976

36 *Hermann Multhaupt:* Möge Gottes Wille hundertmal willkommen sein. Alte irische Segenswünsche II. © Bergmoser + Höller Verlag AG. Aachen 1993

lichen Reichtum an Gebeten zurückgreifen. Aus diesem Schatz ein paar Perlen hervorzuholen und damit den Alltag zu bereichern, ist das Anliegen dieser kleinen Gebetssammlung.

Zu den Gebeten auf den Karten

Wir haben auf den Karten in diesem Set 40 Gebete zusammengestellt. Es handelt sich um christliche Grundgebete wie das Vaterunser, den (etwas gekürzten) Angelus oder das Gebet »Regina Caeli«. Dazu kommen weitere Gebete aus der Bibel wie zum Beispiel der berühmte Psalm 23. Aber auch Gebete aus der christlichen Tradition finden Sie auf den Karten, so Gebete von Paul Gerhardt, Eduard

Mörike, Theresia von Avila oder Thomas Morus. Schließlich sind auch ein paar Gebete darunter, die wir selbst formuliert haben. Alles in allem sind es heilsame Gebete, die Sie für sich, aber auch für andere beten können.

Den Gebetsüberschriften sind unterschiedliche Farben zugeordnet:

Schwarz: Christliche Grundgebete
Rot: Leiden
Weinrot: Flehen
Violett: Bitte und Fürbitte
Blau: Vertrauen
Grün: Zuversicht
Orange: Lobpreis und Segen

Zu den meisten dieser Gebete haben wir in unserem Buch »Heilgebete« Vorschläge gemacht, in welchen Situationen sie gut tun und helfen können. Dort finden Sie

18,30 bringt das besonders schön und anregend auf den Punkt: »Mit meinem Gott überspringe ich Mauern.« Dieses Vertrauen und diese Zuversicht wünschen wir Ihnen von ganzem Herzen.

Augsburg, im April 2006

Jürgen Werlitz · Margit Hummel

Quellenhinweise

Folgende Texte sind nicht von den Autoren: **1** Gotteslob 2,7 **2** Gotteslob 2,4 **3** nach Lk 1, 46–53* **4** Luise Hensel **5** Lk 2,29–32 **6** Gotteslob 2,8 **7** Gotteslob 571 **8** François-René de Chateaubriand **12** Ps 86,1–7 **16** Ps 38,14–16 **17** Ps 25,15–22* **18** Thomas Morus **20** Der Große Wochentagsschott **22** Christian Morgenstern **23** Eduard Mörike **24** Jes 43,1–3* **25** Paul Gerhardt **26** Ps 27,1–4 **27** Ps 23

* Gekürzte Fassung

der daran erinnern. Auch wenn ein Freund oder Verwandter erkrankt ist und Sie sich Sorgen um ihn oder sie machen, kann die Karte ein Zeichen sein, an den vertrauten oder gar geliebten Menschen zu denken; sie kann Sie daran erinnern, für ihn zu beten. Man kann eine solche Karte aber auch verschenken, um dem Kranken zu zeigen, dass ihn jemand in sein Gebet einschließt.

In diesem Sinne hoffen wir, dass die auf den Karten versammelten Gebete für Sie zu Wegbegleitern werden, dass sie Verwendung finden und ihre heilsame Wirkung entfalten.

Dass der Glaube Heilkraft besitzt, das wissen die Menschen schon seit vielen Jahrtausenden. Psalm

auch ausführliche Informationen zu den Themen Krankheit, Gesundheit und Heil.

Zur Verwendung

Warum Gebete auf Karten? Diese Form kommt einem vielfach geäußerten Bedürfnis entgegen. Gebetskarten kann man vielseitig verwenden. Man kann sie zu Hause an bestimmten Orten aufhängen; man kann sie mitnehmen, in die Brieftasche oder den Terminplaner einlegen, wenn man auf Reisen geht, eine Wallfahrt macht oder einen Gottesdienst besucht; man kann sie mit sich tragen, um sie immer wieder zu beten und über sie zu meditieren. Wenn man selbst ein bestimmtes Gebetsanliegen hat, wird die Karte immer wie-